Gingirikani

By

P.Q Mhlongo & P.L Mhlava

ACKNOWLEDGMENTS

How do we say thank you to specific people when there are so many people to be thankful for?

To our lovely daughter Minenhle Mhlongo, having you marked a huge turning point in our lives and we are forever grateful to have you princess. We love you! To our lovely parents, thank you for believing in us and your efforts are the reason we are here today. We love and appreciate you and we're forever grateful for the chance you gave us to outerly express ourselves together. To Ma'am Theko, our high school teacher. Thank you for your efforts and presence in our lives. We outerly appreciate your presence in our lives. To our mentor Duncan Mnisi, thank you for the support and efforts in our lives. Last but not least, thank you to everyone who loves and supports us. We truly love and appreciate you!

Yours truly Pholoso Queitness Mhlongo & Precious Londy Mhlava.

NONGONOKO

Buku leyi yi vulavula hi switori leswinga humelela khale ni micheketo. Endzeni ka yona yi ni switori leswi vulavulaka hi vanhu ni swiharhi. Laha swiharhi swi vulavulaka ku fana ni vanhu ku tisa dyondzo eka muhlayi wa buku leyi.

Hiku hluvukisa ririmi ra vatsonga, tsalwa leri ri dyondzisa munhu un'wana na un'wana xikan'we no tsundzuxa hita khale wa khaleni.

Ku twa to tala tiphini hi ririmi ra manana!

Leswi u ngata swi kuma endzeni ka xitori lexi:

Xitori lexi xi vulavula hi wansati loyi a vitaniwa manana Mahungele a rhandza ku rima swirhapa, kambe anga tshoveli nchumu hikuva mpfula a yi nga tali ku na naswona mati aya kala.

Mpfula yo hlamarisa

Garingani wa garingani!!

Garingani!!!

Garingani wa garingani!!

Garingani!!!

Garingani wa garingani!!

Garingani!!!

Khale ka khaleni a ku ri na wansati loyi a vitaniwa manana Mahungele a rhandza ku rima swi swirhapa, kambe anga tshoveli nchumu hikuva mpfula a yi nga tali ku na naswona mati aya kala. Hi rin'wana ra masiku u fambile na nwana wa yena Xongi eswirhapeni laha a tirhela kona mixo wun'wana na wun'wana.

U fikile a tirha kutani Xongi a vona swinyenyana swi ri karhi swi haha emoyeni kambe eka swona ku vile na xinwe lexi xi nga ta eka Xongi xi tshama emakatleni ya yena xi ku eka yena: '' Mpfula yi le kuteni''.

Xi tlhele nakambe xi swi vula xi ku: ''Mpfula yi le ku teni'' I vi xi lerisa Xongi leswaku a nga byeli munhu mhaka leyi hikuva loko o byela hambi a ri munhu un'we mpfula yi ngeni.

Xongi u vile a tshama ni mhaka leyi a nga byeriwa yona hi xinyenyana kambe manana wa yena a swi n'wi vilerisa hikuva ako tshama ku nga ni mpfula.

Manana wa Xongi a navela leswaku ku na mpfula hi mbilu ya yena hinkwayo, kambe a ku endleka ku rhandza ka Xikwembu. Ku pfumaleka ka mpfula swi endlile leswaku swimatana leswi a swi ri kona swi tshwa hikwalaho ka dyambu leri ari hisa swinene. Mihandzu ni matsavu a swi sungula ku oma.

Hi Muqhivela manana Mahungele u pfukile ka ha ri ni mixo swinene na Xongi ku ya cheleta mihandzu ni matsavu ya yena. Va kumile ku pfumaleka na thonsi ra mati exinambyanini lexi ava kuma mati eka xona. Leswi a swi nwi vilerisanga Xongi, tani hileswi a ri na xitshembiso xo huma eka xinyenyana. A tshama a tsakile hikuva yena a swi tiva leswaku mpfula yi ta na.

Leswi swi endlile leswaku Xongi a khutaza manana wa yena ku ka a nga heli mbilu, a n'wi tshembisa leswaku siku ri nwana mpfula yi ta na, leswi swi n'wi nyikile matimba no tshemba leswaku mpfula yi ta na siku rin'wana. Endzhaku ka masikunyana mpfula yi nile swinene.

Xitshembiso xa xinyenyana xi vile xi endleka. Mihandzu ni matsavu ya manana Mahungele swi sungule ku tsaka swinene, leswi swi endlile leswaku va sungula ku tshovela, va xavisa hi ndlela leyi hlamarisaka. Bindzu ra vona ri kurile swinene. Ava kota ku tihlayisa ku tlula ni mindyangu yin'wana.

Pthu choyoyoo!

Xa mina i mpfula!

Leswi u ngata swi kuma endzeni ka xitori lexi:

Xitori lexi xi vulavula hi nsinya waxi rhomberhombe lowu awu mirile eku suhi ni patu laha vanhu ava hundza kona siku ni siku, ehenhla ka nsinya a kurina bakiti leri ari hayekiwile e henhla hi wanuna wunwani, bakiti leri ehandle ka rona ari chavisa swinene kambe endzeni ka rona ari khomile mhaka yo tsakisa swinene.

Nsinya wa xirhomberombe

Garingani wa garingani!!

Garingani!!!

Garingani wa garingani!!

Garingani!!!

Garingani wa garingani!!

Garingani!!!

A ku ri na nsinya wa xirhomberhombe lowu awu mirile ekusuhi ni patu laha vanhu a va hundza-hundza kona siku ni siku. Nsinya lowu a wu ri wukulu swinene naswona a wu anamile.

Ehenhla ka nsinya lowu a ku ri na bakiti ro tshwuka leri a ri hakiwile erhavini leri kulu. Siku rin'wana na rin'wana loko vanhu va hundza a va tivutisa swivutiso swo tala hi bakiti leri. Siku rin'wana vanhu lava va hlengeletanile kutani va twanana ku susa bakiti leri.

Leswi bakiti leri a ri va chavisa hi muhlovo na hi thyaka leri a ri ri na rona, swi va tikerile ku kuma munhu loyi a fanele ku ri susa. Endzhaku ka mavhiki mambirhi ku tlhele ku va na nhlengeletano kutani va twananile leswaku loyi a a nga ta ri susa, u ta nyikiwa mali yo tala. Va langutanile hinkwavo hikuva nsinya a wu lehile wu tlhela wu anama, naswona a va ambarile kahle. Ku vile ni wanuna loyi a tihundzela hi ndlela a ri karhi a risa tihomu ta yena.

Va n'wi komberile leswaku a va susela bakiti, va ta n'wi nyika mali. Wanuna u vile na xivindzi xo khandziya nsiya hikuva u twile timhaka to nyikiwa mali. Loko a ri karhi a khanziya ensinyeni ava chuhile swinene, hikuva a va nga swi tivi leswaku u ta vuya na yini. U tekile nkarhi wo leha swinene ku fikelela laha bakiti a ri hakiwile kona.

Wanuna u hawurile bakiti kutani a hlometela endzeni, hiloko a vona mali yotala. Ivi, hi ku tsopeta ka tihlo a tela hi makungu yo teka mali hinkwayo. U tipfarile tinhopfu onge bakiti ri na swilo swo nuha swinene . Loko a fika ehansi a nga amukeriwanga hi munhu bakiti, kambe ntshungu wu n'wi lerisile ku cukumeta bakiti ekule na miti. Kova loko wanuna ati kumele rifumo ra yena.

Pthu choyoyoo!

Xa mina i mali!

Leswi u ngata swi kuma endzeni ka xitori lexi:

Xitori lexi xi vulavula hi jaha leri a ri vitaniwa Rhulani a ri ri jaha lero rhula swinene. Rhulani a rhandza ku tshama ni ti tombhi tinharhu Rhandzu, Xiluva na Khensani.

Rhulani ni ti ntombhi ti nharhu

Garingani wa garingani!!

Garingani!!!

Garingani wa garingani!!

Garingani!!!

Garingani wa garingani!!

Garingani!!!

khale ka khaleni a ku ri na jaha leri a ri vitaniwa Rhulani a ri ri jaha lero rhula swinene. Rhulani a rhandza ku tshama ni ti tombhi tinharhu Rhandzu, Xiluva na Khensani. Tintombhi leti ti nharhu a ti kumana na Rhulani, hikuva a rhulile naswona a tirhandza, a nga fani ni ma jaha manwana.

Hi rin'wana ra masiku Rhulani, khensani, xiluva, na rhandzu va sukile va famba vaya tshama exitarateni, laha va nga fika va bula hi swa vutomi.

Rhulani u sungurile ku byela tintombhi leswaku yena u lava ku teka nsati wa njhani, naswona wo ambarisa ku yini. Tintombhi to yingisela leswi aswi vulavula ti sungula ku hlekelela no tiphina hi ti mhaka leti a ti vulavula. Hi siku leri landzelaka Rhulani u sukile a ya tshama a ri yexe, laha a va tshamile kona kutani a vona tintombhi ti nga humeleli.

U sungurile ku ti vutisa leswaku xivangelo ku nga va ku ri yini, kambe a nga vangi ni nhlamulo. U tshamile nkarhi wo leha swinene kambe a nga heli matimba a ku kumbe vata humelela.

Mbilu ya yena a yi vava swinene. U tekile riqingo ra yena a ringeta ku va kuma emoyeni hikuva a tshamile nkarhi wo leha a kuma onge va ta humelela. Endzhaku ko tshama nkarhi wo leha u fonerile Rhandzu a nga khomi, a fonela Xiluva a nga khomi, a fonela Khensani na yena a nga khomi.

Loko a ta va a fonile anga tshamangi nkarhi wo leha, u langutile eka tlhelo ra ximatsi a nga voni munhu a languta ekara xinene a vona Rhandzu a ta eka yena a tibile swinene loko a languta eka raximatsi nakambe ko humelela Khensani, na yena a ti nantswile hi swimbalo swo saseka. Loko a ha hlamarisa hi lava mbirhi ko humelela Xiluva hi vanharhu ka vona va languta xiluva. Rhulani u sungurile ku hlanga-hlangana a nga switivi leswaku uta teka mani.

Pthu choyoyoo!

Xa mina i ku hlawula!

Leswi u ngata swi kuma endzeni ka xitori lexi:

Xitori lexi xi vulavula himukhalabye loyi arina nsimu leyikulu swinene laha eka yona a byarile mihandzu, eku kuleni kayona kuvile ni makondlo ma mbirhi lawa a ma tshovela eka nsimu ya yena mukhalabye u vonile swifanerile leswaku aya xava swimanga leswi ngata kota nsimu ya yena.

Makondlo ni swi manga swimbirhi

Garingani wa garingan!!

Garingani!!!

Garingani wa garingani!!

Garingani!!!

Garingani wa garingani!!

Garingani!!!

Khale ka khaleni a ku ri na mukhalabye loyi a ri na nsimu leyikulu swinene, eka yona a byarile mihandzu naswona a rhandza nsimu ya yena. Mihandzu ya yena a yi cheleta siku rin'wana ni ri n'wana hi ku twa mati a yi kula swinene.

Eku kuleni ka yona kuvile ni makodlo mambirhi lawa a ma tshovela eka nsimu ya mukhalabye, mhaka leyi yi hlamarisile mukhalabye hikuva a nga swi tivi leswaku a nga va a tshovela na mani.

Hi rin'wna ra masiku mukhalabye u tshamile eka nsimu ya yena dyambu hinkwaro, ku endlela ku vona leswaku i mani a tshovelaka na yena kambe a nga vonangi nchumu.

Siku leri landzelaka loko a tava a ri eku cheleteni ni nhlikanhi dyambu xi lo hosi, u vonile makondlo mambirhi lama a mari karhi ma dya swimilana swa yena, kutani mukhalabye a tshika mati a hlongorisana ni makondlo endzhaku ka sweswo u vile a pfuleka mahlo.

Mukhalabye u vonile swi fanerile leswaku swa antswa a ya xava swimanga, leswi nga ta kota ku rindza nsimu ya yena, u swi xavile a vuya naswona ekaya ka yena. A hamba a swi nyika swakudya, leswaku swita kuma matimba yo hlongorisa makondlo.

Dyambu rivile ripela makodlo mafika makuma leswaku a ku tirheki hikuva swimanga a swi fikile. Vusiku byebyo ku vile na hansa-hansa leyikulu swinene laha swimanga swinga hlongorisa makodlo. Huwa leri nga va kona ri endlile leswaku na mukhalabye na yena a pfuka ku ta pfuneta swimanga ku hlongorisa makondlo. Mukhalabye ni swi manga swa yena va hlongorisile makondlo kutani makondla eku heteleleni ma fambise xisweswo.

Pthu choyoyoo!

Leswi u ngata swi kuma endzeni ka xitori lexi:

Xitori lexi xi vulavula hi majaha mabirhi lama ama vitaniwa Hlomi na Hlomani lava vanga suka vaya eku hloteni khwatini vati khomerile matlharhi kuya kota kuya hlota, riyendzo ari lehile swinene leswi avati khomerile matlhari avarina ku tshemba leswaku vata vuya na nyama

<u>Ma jaha ma mbirhi</u>

Garingani wa garingani!!

Garingani!!!

Garingani wa garingani!!

Garingani!!!

Garingani wa garingani!!

Garingani!!!

Khale ka khaleni a ku ri na majaha mambirhi Hlomi na Hlonani lava nga teka riendzo ro ya eku hloteni ekhwatini, a va tikhomerile matlhari.

Va sukile ni mixo swinene, kutani Loko va ri karhi va famba endleleni Hlomi a ku eka makwavo wa yena leswi namuntlha hinga hloma hita vuya na nyama yo tala. Endleleni va hlanganile ni wanuna loyi na yena a tikhomerile matlharhi leswi a swi kombisa leswaku a nga va a ya eku hloteni kutani va fambisana swin'we.

Hlomi na Hlomani va sungurile ku tsaka hikuva a va nga ha ri voxe. Wanuna u sungurile ku byela ma jaha timhaka to tsakisa, a ku eka vona "I suku ravumbirhi a ya ekhwatina kambe nyama dooh!! Va sungula ku hleka u tlerile a ku eka vona leswi va nga va vanharhu swi nge endleki nyama va ta vuya na yona. Marito lama nga vuriwa hi wanuna, ma va nyikile matimba no tshembha leswaku vata vuya na yona nyama.

Riyendzo a ri lehile swinene a va famba va ri karhi vati hungasela endleni ni dyambu a ri hisa. Swimatana leswi a va tilongerile swona, swi herile vanga si fika laha ava ya kona. Va fikile va tshama exinsinyanini xinwana ekusuhi ni nkova, leswaku va kota ku khomisa hikuva se ava khomiwile hi ndlala swinene.

Loko va ta va va hetile vayile mahlweni ni riendzo. Va helerile hi mati na swakudya va ha ri endleleni kambe a va helangi matimba va yile emahlweni va kongoma ni riendzo.

Hlomi u sungurile ku hela matimba, kutani a teka matlhari lama ama khomile a nyika makwavo wa yena. Wanuna u byelile Hlomi leswaku a nga heli matimba hikuva se va fika. Endzhaku ka sweswo va vile va fika ekhwatini, kambe laha swiharhi a swi ri kona a ku ri mpfukanyana.

Wanuna loyi va nga hlangana na yena, va fambisana na yena va kumile leswaku i wanuna wo hlota no ti yimisela hileswi a swi endlaka Hlomani loko a ku tlhaa! a vona hongonyi. Nkarhi wo bula a wu ngahari kona se a ku tlanga tlhari.

Hongonyi loko yi ku ya baleka, a yi wu vonanga ntlangu vo yi hoxa hi matlharhi yiku giligidiii! Yi wela ehansi kutani va tsemelela nyama va chela emajosakeni ya vona va kongoma ekaya.

Pthu choyoyo!

Leswi u ngata swi kuma endzeni ka xitori lexi:

Xitori lexi xi vulavula hi wanuna loyi arina ti hanci to tala, wanuna a fanele ku teka riendzo aya ejoni. Wanuna leswi arina tihanci u tekile yinwe eka tona a famba hiyona endleleni hanci yifikile yi hela matimba, leswi swi endlile riyendzo ri yima

<u>Ri yendzo ro leha</u>

Garingani wa garingani!!

Garingani!!!

Garingani wa garingani!!

Garingani!!!

Garingani wa garingani!!

Garingani!!!

Khale ka khaleni a ku ri na wanuna loyi a ri na tihanci to tala. A fanele ku teka rendzo roya vona nsati wa yena eJoni loyi a tshamile malembe yo tala a nga vuyi ekaya. U tekile hanci leyi a fanele a famba hi yona a yi hlambisa yi basa yi ku paa! Loko a heta ku endla sweswo kutani a sweka swakudya a chela ejosakeni a khandziya hanci a famba.

Ndlela a yi lehile swinene naswona hanci a yi tsutsuma. Laha yinga famba kona milenge ya yona ayi sala yi tsarile kunene a yi tsutsuma rivilo ra n'wampfundla onge a yi swi vona leswaku yi fanele ku famba mpfuka wo leha. Wanuna u yimisile hanci ya yena a tshama hansi a dya, loko a ta va a hetile a khandziya ehehla ka hanci yi suka yi famba. Rivilo leri hanci a yi tsutsuma rona ri vile ri cinca, hikuva wanuna a xurhe swinene kambe hanci ya yena a ngayi nyikangi swakudya.

Hanci yi sungurile Ku hela matimba kutani wanuna a hlundzuka a rivala leswaku a ngayi nyikangi swakudya hi luya!! ateka nhonga a ba hanci ya yena. Wanuna atwa yi nwi hlwerisa swinene. Maendlelo ya yena ma endlile leswaku hanci yi hela matimba, yi famba hika tsongo hiku se a yitwa ni ndlala no biwa Ku hela matimba ya hanci swi endlile leswaku yi wela ehansi riyendzo ri yimisa xisweswo.

Dyambu ri vile ri pela wanuna ni hanci va etlerile endleleni. Loko wanuna a pfuka ni mixo u kumile leswaku hanci a yi kona. U tivutisile leswaku yi nga va yi yile kwini kambe a kongoma ni ri rendzo a ri yexe, a ri karhi a ti n'wela byalwa.

U sungurile ku tswontswiwa kutani a sungula ku yimbelela risimu leri ari yimbelela loko a ri karhi ati nyika swakudya.

Hanci a yi rhangerile wanuna loko ari karhi a famba uyi kumile endeleni loko aku tlaaa!!! hiku tsopeta ka tihlo a yi vona, a sungula ku tsaka swinene hikuva a swi tiva leswaku riyendzo ritaya emahlweni hiku tsaka a teka byalwa lebyi abyi khomile a nwisa hanci.

Hanci se ayi hluleka ku famba loko wanuna aku wa yi khandziya yo wa na yena, atlhela ayi pfuxa yi tlhela nakambe yi wa loko a ku wayi pfuxa nakambe yi nga ha pfuki a teka ntambu a yi tsimba ayi kokakoka leswi a dakwile a ri karhi dedeleka va fambisa xisweswo ni hanci.

Pthu choyoyo!

Leswi u ngata swi kuma endzeni ka xitori lexi:

Xitori lexi xi vulavula hi tiko Sodoma laha dyambu ari hisa swinene aku pfumaleka ni thonsi ra mati.

<u>Dyandza</u>

Garingani wa garingani!!

Garingani!!!

Garingani wa garingani!!

Garingani!!!

Garingani wa garingani!!

Garingani!!!

Khale ka khaleni etikweni ra Sodoma ku vile na dyandza lerikulu swinene laha dyambu ari hisa swinene, aku pfumaleka ni thonsi ra mati. Xiyimo lexi tiko ra Sodoma ringa hlangana naxona axi vava swinene, swifuwo aswi kala mati hikuva mi nambu ayi omile ku kala ni thonsi ra mati.

Swifuwo swo tala swi lovile hikokwalaho ku pfumaleka Ka mati, mi nambu leyi ariyiri kona leyi saleka na mati yi sungurile ku oma hi ku pfumaleka Ka mpfula, leswinga endla leswaku vanhu va pfumala mati yo nwa kambe aku sarile nambu wunwe lowu awurina mati. Hosi yamu ganga yi byerile vanhu leswku vahlanga vata bula hikokwalaho kati mhaka ta mati, loko vatava va hlanganile hosi yi vurile leswaku ndyagu wunwana na wunwana wu fanele kuva naswo chela mati kutani va endle kuya hi xileriso xa hosi.

Loko vari karhi va kelela mati leswaku dyangu unwana ni unwana wuva ni mati, mati amari karhi ma hela vangaswi tivi leswaku loko mo hela xana manwana vatama kuma kwihi. Va manana vanwana lava avari kona kwale aku matini va swi vonile leswaku xiyimo xita sungula ku tika swinene vata nikungu ra leswo va va fanele kuya khongela va hlanganile va byela hosi hi mhaka leyi kambe hosi ayiva tekelangi nhlokweni loko vari karhi va vulavula kutani va miyerisa xisweswo.

Dyambu ri yile emahlweni ri hisa mati lama sale hinkwawo exinabyanini aya hela ivi hosi yoswo vona leswaku xikhongelo xita lavaka. Yi vitile nhlengeletano wa tiko vata kota ku bula leswaku vata endlilsa ku yini hi mhaka ya mati ivi manana unwana loyi ari endzhaku u yimisile voko kutani aku eka vona kulaveka Xikwembu dyambu leri ahira ntsena ntsena!

Vanhu avanwi tekelangi enhlokweni hikuva a vulavula hi xikwembu, vanhu etikweni ra Sodoma avanga tshembeli eka xikwembu ni hosi ya vona. Va tshamile masiku manharhu ntsena ivi va switwa kuri xiyimo axi pfumeli, katika swinene. Va manana vanharhu va sukile kuya hlangana va sungula ku khongelela mhaka ya dyandza kambe vanwana vanhu avangayi ngheni hikuva vona swimatani avahari naswona etindlwini.

Kulona sungula ku hela mati vaswi vona swi fanerile leswaku vaya ku khongeleni kumbe xana hosi yitava twela vusiwana, tiko hinkwaro ri humile kuya hlangana erivaleni va sungula ku khongela. Tiko hinkwaru ava khongelangi masiku mangani hosi yiva yi vatwile.

Ku sungurile kuna mpfula yo hlamarisa endzhaku ka xikhongelo xa tiko hinkwaro, vanhu va sungurile ku kuma mati ni milambu yi tala hi mati vanhu etikweni ra Sodoma va sungurile ku tshembela eka hosi hindlela yo hlamarisa endzhaku ka loko vatava va kumile mati, va sungurile ku hanya kahle naswona xiyimo xi sungurile ku vuyela matshanwini vati hanyela ku nandzika.

Leswi u ngata swi kuma endzeni ka xitori lexi:

Xitori lexi xi vulavula hi ntombi leyi ayi tshama mugangeni wale Hlamalani, ntombi yo xonga yi tlhela yi yimeka, Saseka loyi a tirha ehotela. Entirhweni a lava hi mani na mani loko a fika vavanuna lava ava tirha na yena avanwi tsakela va lava kuva na yena.

<u>Ntombi yo xonga</u>

Garingani wa garingani!!

Garingani!!!

Garingani wa garingani!!

Garingani!!!

Garingani wa garingani!!

Garingani!!!

Ku vile na wanuna unwana loyi a lava Saseka hi mbilu ya yena hinkwayo kambe Saseka angari ka yena ati lavela onara ya hotela, a lava ku dya mali ya yena Saseka a hamba aya ehofisini ya onara hambi anga lavi nchumu. U sungurile ku nwi endlela na tiya ayi yisa ehofisi ya onara, swivile swinwi hlamarisa swinene maendlelo ya yena leswaku Saseka a sasekile onara na yena a tsaka leswi aswi endla hi Saseka u nwi nyikile xitulu xale henhla hiku hluleka ku vulavula leswaku wanwi lava. Saseka na onara ya hotela vasungurile kuva swinwe.

Ava tshamela ku tihumesa na ntirho awungaha tirhiwi aswiva fambela kahle, onara angaha vuyi ekaya leswi swinga vilelisa nsati wa yena, a sungula ku xanisa nsati wa yena hikokwalaho ka Saseka naswona ta ndyangu wa yena ahangahati ngheni yena a ti tsakela loko arina Saseka, vana va yena anghaha hlayisi naswona va sukile vaya exilungwini masiku manharhu ku yati phina loko va vuya u kumile leswaku nsati waya yena ule xibedlhele angati pfuxi ava kotanga kunwi kuma eka rinqingo ra yena hikuva ari karhi ati phina ni xigangu xa yena Saseka kwale xilungwini.

Xiyimo xa nsati wa yena axingaha tsakisi naswona anga hati phini u vonile leswaku swa fanela a teka Saseka kunwi endla nsati wa yena kambe

Saseka anga pfumelangi hikuva makungu ya yena akungari ku tekiwa yena ati lavela mali.

Ku rhandzana ka Saseka na onara swi sungurile kuka swinga fambi kahle va hetelela va hambana ivi Saseka uti kumerile jaha leri hi khale arinwi lava va sungurile ku rhandzana kutani jaha ri byerile Saseka leswaku rilava kunwi teka ava nsati wa rona, mhaka leyi yi tsakisile Saseka loko yi fika etindleveni ta yena a tsakile swinene.

Jaha ri vile ri cata na Saseka Kasi onara anga kotanga ku twisisisa leswaku ku humelela yini hi Saseka hikuva endlelo ra yena alava kunwi hlongola entirhweni kambe aswingaha koteki hikuva maphepa ava sayinini naswona angaswi tivi leswaku uta endlisa kuyini onara uti solini hikwalaho ka maendlelo ya yena yo xanisa nsati wa yena hikokwalaho ka xigangu xa yena Saseka. Onara u komberile ku rivaleriwa ka nsati wa yena kutani va rivalelanile swilo swa vona swi sungula ku famba kahle nakambe.

Leswi u ngata swi kuma endzeni ka xitori lexi:

Xitori lexi xi vulavula hi nambu lowu a wuri kona etlelo ka ntanga, laha swiharhi a swi tshama kona laha N'wanghala a ri hosi yaswi harhi hinkwaswo N'wanfenhe a swinwi khomanga kahle loko nwanghala atava hosi hikuva na yena alava kuva hosi.

Ta hosi ya swiharhi n'wanghala

Garingani wa garingani!!

Garingani!!!

Garingani wa garingani!!

Garingani!!!

Garingani wa garingani!!

Garingani!!!

Khale ka khaleni a ku ri na nambu lowu a wu ri kona etlelo ka ntangha, laha swiharhi hikwaswo aswi tshama kona etlelo ka ntangha a ku ri na nambu lowu a wu khuluka mati lawa swiharhi a swi kuma vutomi hi wona. N'wanghala u byerile swiharhi hi nkwaswo leswaku swi fanele ku hlangana ku burisana hi timhaka to hlayisa mati, kutani a rhuma n'wamfenhe leswaku a byela swiharhi hi nkwaswo leswaku swi hlangana.

Swiharhi hi nkwaswo swi hlanganile eka nhlengeletano hosi n'wanghala u nyikile switsundzuxo hi timhaka ta mati, loko a ri karhi a vulavula n'wanfenha mhaka leyi a yi nwi khomangi kahle hikuva yena a lava xitilu xa vuhosi.

Dyambu ri vile ri pela kutani swiharhi swi ya eku etleleni hi kwaswo kambe n'wamfenha yena a nga etlelangi, vusiku byebyo hikuva yena a lava leswaku swiharhi hi kwaswo switwa hi yena a hlundzukile swinene.

N'wa Mfenha u sungurile ku luka mano, leswaku a va ni vuthu ra yena leswaku va ta tirhisana swinwe ku susa N'wanghala exitulwini.

Ni mixo N'wa Mfenha u sungurile ku fambela kule na N'wanghala loko N'wanghala avulavula a nga yingisi, a yima endzhaku a phikizana na yena. A tshamela ku endla sweswo, a nikiwa matimba hi vanghana va yena Hosi N'wanghala tani hi leswi akuri murhangeri u vonile N'wa Mfenha nandzu tani hi endlelo ra yena ro hluleka ku yingisela.

Endzhaku ka sweswo murhangeri N'wanghala u byerile malandza ya yena leswaku N'wa Mfenha u fanele ku hlongoriwa, kambe malandza ya yena ma arile leswaku a hlongoriwa. Dyambu ri vile ripela nakambe swiharhi swi ya eku etleleni hi mi tlawa ya swona, kutani N'wa Mfenha ni vanghana va yena va ya kelela mati vusiku hi kwabyo vati phina hi kuma tlangisa va yendlela leswaku N'wanghala a suka exitulwini.

Ni mixo loko swiharhi hi kwaswo swi pfuka swi kumile leswaku mati ma pumbekile swinene, swi sungula ku ba huwa ku nga ha rina ku twanana. Swiharhi hikwaswo swi yimbelela risimu leswaku N'wanghala a suki exitulwini xavu hosi ku nghena nwa mfenha loko mhaka yitava yi endlisiwile xisweswo N'wa Mfenha ava hosi mati se ama hela swinene.

Ku vile ni pongo rin'wana ro chavisa swinene, endzhaku ka loko N'wa Mfenha a ri hosi, laha swiharhi hikwaswo swinga sungula kulwa swin'wa mati lama ama sele ku kondza mahela. Endzaku ka masiku mangari ma ngani swiharhi hikwaswo swi sungula ku hlupheka hikuva mati se ama herile N'wanghala na N'wa Mfenha va hlongoriwa entangeni.

Pthu choyoyo!

Leswi u ngata swi kuma endzeni ka xitori lexi:

Xitori lexi xi vulavula hi jaha leri ari vitaniwa Musa, Musa u kurisile hi kokwana wa yena kunga kokwana N'wa Mintwa. Musa akuri jaha leri ari rhandza xikolo naswona ati yimiserile swinene loko swita eka timhaka ta dyondzo hikuva alava kuti vona a humelerile evutonwini.

<u>Dyondzo ya pfuna</u>

Garingani wa garingani!!

Garingani!!!

Garingani wa garingani!!

Garingani!!!

Garingani wa garingani!!

Garingani!!!

Khale ka khaleni akurina jaha leri ari vitaniwa Musa, Musa u kurisile hi kokwana wa yena kokwana N'wa Mintwa. Musa akuri jaha leri ari rhandza xikolo naswona ati yimiserile swinene loko swita eka timhaka ta dyondzo hikuva alava kuti vona a humelerile evutonwini. Ku cinca xiyimo xa yena aswinga olovi hikuva vana vanwana vona ava famba hi timovha ya vatswari loko va ya exikolweni kambe yena a famba mpfhuka wo leha swinene.

Tintangu ta yena se ati hlakarile hikokwalaho ko famba mpfhuka wo hela, xiyimo xa yena axinga tsakisi a twisa mbilu kuvava. Musa loko a fika xikolweni avanwi hlekula loko vanwi vona loko ni mixo a ya exikolweni a tumbela leswaku vanganwi voni leswaku yena uta hi milenge.

Musa a tlharihile swinene loko mbuyelo wu huma akuri yena loyi a pasela henhla, vana va xikolo aswiva hlamarisa leswaku u pasisa kuyini hikuva angana nchumu. A tlula xikolo hinkwaxo hikuva anga tlangi Loko swita eka mhaka ya tidyondzo. Ku vile na ntombi yinwana leyi kakavona akurina mali, u sungurile ku fambisana na Musa.

Musa u sungurile ku dyondzisa munghana wa yeha tinhlayo va sungula ku pasela henhla ku tlula vadyodzi lavanwana. Vadyondzisi avati nyungubyisa hi Musa ni munghana wa yena. Munghana wa yena u fambile na Musa ekaya ka vona vuyanwi komba vatswari nova byela leswaku hi yena anwi pfunaka hi tinhlayo exikolweni.

Loko vanwi vona a tirha kahle hikokwalaho ka Musa, vatswari va ntombi va sungurile ku teka Musa tani hi nwana wa vona va lava kuvona laha a tshamaka kona. Va fambile na yena loko va fika va kuma leswaku u tshama na kokwana wa yena.

Va fikile va veka xikhongelo no yisa Musa edorobeni kuyava xavela swakudya nonwi xavela swiambalo swa xikolo. Loko vatava va vuyile kokwana wa Musa a tsakile swinene aku eka vona hosi ayi katenisi manana wa munghana wa Musa naswona u sungurile ku hlayisa kokwana wa yena loko anga yanga ntirhweni arina ri rhandza kufana ni nwana wa yena Musa ni munghana wa yena va dyondzile kuya emahlweni vanga heli matimba ivi xikambelo xo hetelela xivile xi fika laha vanga sungula ku tsala ivi loko mbuyelo wu vuya Musa ni munghana wa yena va bile xikolo hinkwaxo laha vanga kuma ni bazari yova yisa eCape Town kuya dyondza kona.

Manana ni tatana wa ntombi ni kokwana wa Musa ava tsakile swinene hi ntirho lowunga yendla hi vana va vona, Musa ni munghana wa yena mfumo wuva nyikile mali laha Musa anga cinca xiyimo xa yena. Leswi swinga endla hi Musa swi hlamarisile munganga waka vona hikuva se avati byele eswaku xinge pfuki xi cincile hambi swiritano xi cincile hakunene dyondzo ya pfuna!

Leswi u ngata swi kuma endzeni ka xitori lexi:

Xitori lexi xi vulavula hi nwana loyi a vitaniwa Tinyiko, nwana wo saseka wa jaha arina swilo hinkwaswo va tswari va yena avanwi siyile na timali leswi swinganwi endla leswaku a hanya vutomi lebyi anga fanelanga kubyi hanya.

Nwana wa vusopfa

Garingani wa garingani!!

Garingani!!!

Garingani wa garingani!!

Garingani!!!

Garingani wa garingani!!

Garingani!!!

Khale ka khaleni akurina nwana cinca cinca tintombi a famba hiti movha tamavito ya xiyimo xale henhla ti tlhela ti durha, byala a xava naswona anga lolohi ku xavela vanhu byala kuva tsakisa. Arina vanghana vo tola onge i tinyoxi vanghana va yena. Ava tshama va tile laha a tshama kona hikuva avalava ku dyela, masiku hinkwawo aku endliwa nkhuvo nwana a anwa hi tsheve ku dyiwa mali ya vatswari va yena.

Muakelani wa Tinyiko u tshamile hansi na yena anwi byela leswaku a dya mali kahle kambe hikuva mali yitaleke angaswi tekelanga enhlikweni avona onge vanwi khomelela angaswi tivi leswaku mali ya hela.

Vutomi abyi rhelela swinene, abyi nwu fambela kahle hindlela yo hlamarisa naswona ati twela ku nandzika hi timali ta vatswari. Mali eka yena akuri matutu angarina mhaka naku xava nale byaleni se avanwi tiva, u tshikile xikolo loko atava a kumile mali. Angari na mhaka na nchumu xa yena akuri kuti dyela mali a tsakisiwa hi vutomi lebyi abyi hanya naswona angaswi tivi leswaku bya hela.

Aswi hetanga nkarhi wo leha ivi mali yi sungula ku hela swilo swingaha fambi kahle. Leswi aswi nwi hlamarisa vanghana va yena avangahati le a tshama kona nati movha se ati sungula ku onhaka se ari hava ni mali yo lunghisa ni movha na yinwe, se ati fambela hiswi koro-koro naswona vanhu va sungurile ku fambela kule na yena hikuva mali se ava tekile ari hava nchumu vutomi byi sungurile ku nwi tikela swinene.

Usungurile ku vona leswaku xiyimo se xatika a sungula ku xavisa swiwitsi laha vanhu ava sungula kunwi hlekula vaku mali yi herile hakunene mali ayi helile se a hundzuke xihlekiso. U yile eka manana luya anga nwi tsundzuxa leswaku a dyi mali kahle aya vulavula na yena a nwi byela leswaku loko a yingiserile xitsundzuxa xiyimo lexi angale ka xona atava angari ka xona.

U sungurile kuti sola swinene aswi vona leswaku xiyimo se xatika aswi ngahamu fambeli kahle vanghana vanwi jikerile tintombi leti a famba na tona ati nwi hlekula naku hlambha akungaha hlambhiwi.

Tinyiko u hundzukile xihlekiso emugangeni waka vona naswona madyelo ya yena ya mali ya vusopfa manwi nghenisile evusiwanini ahava ni swakudya swodya, xiyimo axingaha pfumeli, axi tika swinene switlhela swi twisa vusiwana kambe vanhu avanwi tweli hikuva loko aharina mali a tlangela kule na vanhu no xixima vanhu angaha xiximi, sweswi xiyimo xi cincile vanhu lava angava voni nchumu a tlhela angava yingisi se alava kuva yingisela kambe nkarhi awunwi siyile.

Leswi u ngata swi kuma endzeni ka xitori lexi:

Xitori lexi xi vulavula hi huku leyi a yi beburile vana vo tala swinene, N'wahuku loko a pfuka mixo unwana ni unwana a hlayela vana va yena hikuva ava tele swinene. Loko a famba ni vana va yena a yimbelela leswaku va tshama va tsakile.

Nwa huku

Garingani wa garingani!!

Garingani!!!

Garingani wa garingani!!

Garingani!!!

Garingani wa garingani!!

Garingani!!!

Khale ka khaleni a ku ri na huku leyi a yi beburile vana vo tala swinene. N'wahuku loko a pfuka ni mixo un'wana ni un'wana a hlayela vana va yena naswona a rhandza ku famba na vona hikuva a chava ku tekeriwa vona.

Mikarhi hinkwayo loko va famba ni vana va yena, a yimbelela xinsinwana lexi axi endla leswaku vana va yena va tshama va tsakile.

Hi rin'wana ra masiku N'wahuku u vhakerile munghana wa yena, N'wa Gama ni vana va yena. Vafikile va bula ni munghana wa yena kutani N'wahuku a byela N'wa Gama leswaku yena a nga ha bebuli kutani N'wa Gama a hleka, a vutisa N'wahuku leswaku hikokwalaho ka yini a nga ha bebuli ivi N'wahuku hlamula a ku vana va yena va tele naswona yena u karhele ku pfuka ni mixo swinene a hlayela. N'wa Gama u byerile N'wahuku leswaku yena u ta nwi pfuna tani hileswi va nga vanghana.

Kuve loko N'wa Gama a ta va a vurile leswaku yena u ta nwi pfuna vana va N'wahuku va sungurile ku hela. N'wa Gama loko va ri karhi va hlayela a hlayela hi xihatla swinene, ku kota ku pambula vana va munghana wa yena. Leswi swi endlile leswaku N'wahuku a nga ha swi tivi leswaku u na vana vangani a pfariwile matihlo hi munghana wa yena.

N'wahuku u tlherile a vhakela munghana wa yena, loko a fika u kumile leswaku u le ku swekeni. Va tshamile nkarhi wo leha va ri karhi va bula kutani N'wa Gama a tshamela ku chela mati eka xixevo lexi axi tselekile leswaku N'wahuku ata ku famba a nga dyangi. Loko aku wa famba utwile mpfumawulo kutani a ku ka N'wa Gama kuna leswi rilaka a kaneta a tlhela nakambe a ku kuna leswi rilaka akaneta.

N'wahuku twa ku nuhela ka xixevo a ku eka munghana wayena ndzinge fambi ndzi nga dyangi. Endzhaku ka sweswo aya pfula mbita leyi N'wa Gama a swekela eka yona loko aku tlaa!! a kuma leswaku vana va yena va le ku swekiweni, hi ku hlundzuka a tlakula N'wa Gama anwi chela embiteni a n'wisweka.

Pthu choyoyo!

<u>Ku yingisa swi tlula magandzelo</u>

Garingani wa garingani!!

Garingani!!!

Garingani wa garingani!!

Garingani!!!

Garingani wa garingani!!

Garingani!!!

Khale ka khaleni emugangeni wa Tshembhanenge akuri na nwana loyi a vitaniwa Khensani loyi akuri ntombi leyi ayi tshama na kokwana wa yona loyi akuri yena muhlayisi wa Khensani. Vatswari va Khensani a vati nyungubyisa hi nwana wa vona naswona ava nwi endlela xinwana na xinwana lexi axi lava, ava rhumela mali nhweti yinwana na yinwana leswaku nwana wa vona ata kota ku dyondza kambe Khensani yena anga yingisi mukhegula loyi a tshama na yena.

Akuri musumbuluko loko Khensani a pfuka ni mixo kuti lulamisela kuya exikolweni, loko ari endleleni u hlanganile na wanuna loyi ati fambela hi movha yo durha swinene leyi yinga tsakisa Khensani. Wanuna u vile aku ka yena khandziya hi famba, hi luya Khensani a khanziyaka movha wo durha.

Wanuna u tekile ti nomboro ta rinqingo ra yena loko a fika exikolweni u byerile munghana wa yena leswaku utile hi movha wa xiyimo xale henhla. Loko mudyondzisi ari karhi a dyondzisa Khensani angatwi nchumu, munhana wa yena unwi byerile leswaku ku fanele a yingisela hikuva uta feyila kutani marito ya yena angama tekangi munghana wakwe ati vulavulela ari yexe. Nkarhi wa kuya kaya wu fika hiluya Khensani a nghenaka emovheni yo durha. Lexi xi hlamarisaka munghana wa yena unwi byerile leswaku a yingisela loko vari karhi va dyondzisa kambe hilavaya vanghenaka movheni swinwe. Ku vile timhaka tama siku hikwawo.

Kokwana wa khensani u rindzile ntukulu wa yena leswaku ita vuya hile xikolweni kambe swi tekile nkarhi leswaku Khensani a vuya, leswi swinga hlamarisa mukhegula loko kungasi hela nkarhi nyana hiluya Khensani a nghenaka na munghana wa yena. Loko kokwana wa yena anwi vutisa leswaku uta hikwini u hlamurile leswaku yena avari ku dyondzeni. Va tekile nkarhi swinene loko rixela wavumbirhi va humile ni mixo na munghana wa yena na kambe kuya exikolweni, loko va fika va kongome etlilasini ivi vadyondza xikolo xi hatle xi huma laha kokwana wa Khensani anga vona vana va nwana va vuya kambe ntukulu wa yena anga anga vuyangi.

kokwana wa Khensani u tekile rinqingo a fonela vatswari va yena aku nwana angasi vuya hile xikolweni ivi va teka rinqingo va fonela Khensani kambe rinqingo ra yena ari timile. Va ringetile ku fona vusiku hinkwabyo anga hlamuli himpfuka a fambile na munghana wa yena.

Vatswari va Khensani va fonerile munghana wa yena vanwi kuma kutani vanwi vutisa leswaku Khensani u kwini kutani aku eka vona una yena naswona waha yile exiyindlwanini. Khensani loko a layita rinqingo ra yena u kumile vatswari va yena va fonile na xikanwe na nkandziyiso lowu a tsaleriwile hi munghana wa yena kutani a byela wanuna luya arina yena leswaku anwi heleketa.

Loko atava fikile ekaya kokwani wa yena uswi vonile leswaku kuni mhaka leyi nga fambeki kahle hi Khensani kutani anwi vutisa leswaku ayile kwini ivi a vula leswaku arina munghana wa yena. kokwana wa yena anga zangi ayi teka mhaka ya yena uswi vonile leswaku unwi hembela mavunwa.

Loko rixela wavunharhu Khensani u pfukile na mixo a lunghisela kuya xikolweni kambe anga fikanga, uyile le aku tshama nuna loyi a rhandzana na yena.

Khensani se a bihile emirini loko a fika a byela wanuna luya leswaku angatitwi kahle, wanuna u byerile Khensani leswaku woti twela ndzeni uta hola kambe nwini wati mhaka uswi vonile leswaku xiyimo xi onhakile. Utekile masiku yaku hlaya angayi exikolweni leswi swinga yendla leswaku kokwana wa yena a tshama na yena ehansi kunwi byela leswaku a dyondza xikolo kambe anga tekelanga kokwana wa yena enhlokoweni.

Nkarhi waku tsala xikambelo wu vile wu fika laha vana va xikolo ava fanale ku tsala kutani va tsala loko vatava va hetile mbuyele wu vuyile swi kumeke leswaku Khensani anga pasangi hala u bihile nale mirini. Munghana wa yena a pasile, kuva munghana wa yena a pasile aswinwi khomanga kahle a vilela swinene hiku uta famba anwi siya.

Mbuyelo wa munghana wa Khensani awu tsakisa swinene kambe wa yena awofana na loko anga tsalangi, a swoti fanela naku nghena xikambelweni no huma anga yendlangi nchumu.

Munghana wa yena u pasile aya aka ntangha leyi landzelaka kambe Khensani a sarise xisweswo. Mbilu ya yena yi vavile swinene. Kokwana wa yena unwi vutisile leswaku swi fambe njhani ivi aku yena swi fambe kahle leswi mukhegula ati kulerile, uvutisile kokwana wa yena leswaku timhaka leti uti tekile kwini aku u hlanganile na munghana wa yena anwi vutisa hiti mhaka ta mbuyelo.

Hakunene ku yingisela switlula magandzelo!

<u>**Vusiwana u suliwa hi nwana**</u>

Garingani wa garingani!!

Garingani!!!

Garingani wa garingani!!

Garingani!!!

Garingani wa garingani!!

Garingani!!!

Khale Ka khaleni akuri na Solani loyi ati xavisela matsavu naswona vanhu avanwi rhandza swinene. A xavisa hi xikongomelo xo mana wa yena ata kota ku etlela a dyile hikuva xiyimo axinga tsakisi ekava Solani.

Mana wa yena anga tirhi avati hanyela hi mali yaku xavisa, Solani arina nsimu ya yena leyi ayinwi yendlela mali swinene mixo wunwana niwu nwana a pfuka aya xavisa leswaku vata kota ku etlela va dyile yena ni manana wa yena.

Mana wa yena ati nyungubyisa hi mintirho leyi ayi yendla hi nwana wa yena hambileswi xiyimo axinga olovi kambe Solani axi yendla leswaku xi olova. U tirhile hi matimba leswaku ava na nsimu hikuva akuri munhu wo rhandza ku rima swinene.

Hi rinwana rama siku uyile eka nsimu yayena kuya cheleta ivi loko afika u cheletini no vona leswku matsavu ya yena makula kahle swinene. Leswi swi endlile leswaku a tatisa nsimu ya yena ivi a byala matsavu yaku tala swinene. Nsimu ya yena loko u famaba kule awuto navela Kunene hikuva swimilana swa yena aswi sasekile swinene no navetisa.

Mhaka yotwisa kuvava iku kuvile ni nkarhi laha swimilana swinga oma hikokwalaho ko pfumaleka Ka mati. Xiyimo xisungurile ku tlhelela endzhaku angaha koti ku xavisa tani hintolovelo naswona vanhu va sungurile ku vilela hikuva avaga ha koti ku xava. Solani uyile ka masipala ayava hlamusela hiti mhaka to pfumaleka ka mati kambe loko a fika u kumile manana wunwana loyi anganwi hlamula leswaku mati mapfumaleka tindhawu hinkwatu. U mukile mbilu ya yena yivava swinene hikuva a tshembele eka nsimu ya yena. Loko a fika ekaya u hlamusele manana wa yena ivi anwi tsundzuxa ku khongela hikuva lowu biha angaswi lavi swakahle kutani a endla kuya hi xileriso xa mana wakwe.

U sungurile kuya ekerekeni sonto yinwani nayi nwani naswona anga tirhi ati yela ekerekeni kuya khongela lewaku xikwembu xiya mahlweni nonwi katekilsa. Loko atava ari ekerekeni mufundhisi wa yena unwi komberile leswaku loko kereke yi huma a sala hikuva uni mahungu na yena. Sonto yivile yi huma Solani asala vadya mabulo ni nandza wa xikwembu. U nwi byerile leswaku u vona kuhumelela eka yena naswona ayi mahlweni a khongela.

Loko ri xela musumbuluko uyile eka nsimu ya yena a famba ni manana wa yena kuya eku cheleteni, va fikile va kuma leswaku mati ku hava ivi manana wa yena a sungula ku rila a langute ehenhla atwa kuvava hi xiyimo lexi vanga hlangana na xona kutani manana wa Solani unwi byerile leswaku hiri nwana rama siku hosi yita hlamula swikhongelo swa vona.

Solani u vonile norho leswaku mati makona ensinwini ya yena kambe anga twisisi na leswaku njhani angaswi tivi, uyile eka nandza wa xikwembu ku yanwi byela leswaku u vonisiwile norho leswaku eka nsimu ya yena mati ma kona, nandza wa xikwembu unwi hlamurile leswaku anga vileli Xikwembu xita hlamuli xiyimo xa yena naswona xa switwa swirilo swa yena.

Mhaka yo tsakisa iku loko Solani aha etlele swinwi kombile leswaku swilava aya cela laha swingamu komba kona. Akuri na mati loko a pfuka ni mixo, leswi na yena anga munhu wa mavoko hiluya a famabaka ni mana wa yena kona ensinwini. Loko vafika u cele kambe kunga humi nchumu ivi siku ro sungula va tlhelela ekaya. Loko va vuya siku ravumbirhi a fika a cela a karhala no hela matimba a tlhelela ekaya nakambe hi siku ravunharhu a cela kunga humi nchumu.

Loko a tlhelela ekaya a fika a vulavula ni muvumbi wa yena kambe nhlamulo akuri ku i fanele ku anga heli matimba kambe hi siku ravumune uyile aya cela nakambe ivi ku huma swimatana kambe angaswi tekelanga hlokweni ivi a tlhelela ekaya. Loko atava a vuyile ni mixo u kumile leswaku goji ritele hi mati a sungula ku cheleta nsimu ya yena. Vanhu va vuya hikuva swimilana se aswi mirile no kula swi tlhela swi saseka.

Hi sonto uyile ekerekeni ivi loko kereke yi huma uyile eka nandza wa xikwembu kuya nwi byela leswaku Xikwembu xi hlamurile naswona swibindzwana leswi swi xavisaka matsavu aku sungula ku yima tilori leti kulu kuta xava. Xiyimo se axi vuyele ematshanwini naswona bindzu se ariri Kula hi xiyimo xale henhla

Solani se a humelerile eku heteleleni. Leswi swi endlile leswaku a endla ntlangu lowukulu swinene wo khensa mama wa yena kuva anwi kurisile hambi tatana wa yena angari kona unwi surile mihloti.

Leswi u ngata swi kuma endzeni ka xitori lexi:

Xitori lexi xi vulavula hi ndyangu waka Dumezulu lowu awu kumeka emugangeni wa Saselani. Akuri ndyangu lowu swa macheleni aswi famba kahle, avati hanyela ku nandzika swinene.

Ta ndyangu wo humelela

Garingani wa garingani!!

Garingani!!!

Garingani wa garingani!!

Garingani!!!

Garingani wa garingani!!

Garingani!!!

Manana Dumezulu arina mutirhi loyi a nwi tirhela swilo hinkwaswo naswona vana va yena avo kuma swilo swi endliwile loko va huma exikolweni. Ava kuma xitirhi xi tirhile mintirho hinkwayo. Manana Dumezulu a dyondzekile naswona rirhandzu leri ari nika mutirhi wa yena ari hlamarisa swinene, ava rhandzana onge I vana va munhu. Rirhandzu leri Manana Dumezulu ari nika mutirhi wa yena swi endlile leswaku mutirhi wa yena atirha hi matimba noti yimisela.

Vana va Manana Dumezulu va tshamile ni manana wa vona ehansi va nwi vutisa leswaku xana wa nwi tshemha mutirhi wa yena. Uva byerile leswaku munhu unwana u fanele ku kombiwa rirhandzu ku fana na vanwani vanhu.

Vana va Manana Dumezulu va sungurile ku endlela mutirhi waka vona nsele hiku nwi xanisa hikunwi nika ntirho waku tala. Avo endla hiku rhandza loko Manana Dumezulu angari kona aha yile entirhweni. Loko avuya u kumile mutirhi ya yena alo lee!!! hiku karhala kutani a tshama na yena hansi anwi vutisa leswaku xana u karhalisiwile hiyini hikuva yena loko asuka akuri hava ntirho, anga hlamulanga nchumu hikokwalaho a chava ku lahlekeriwa hi ntirho wa yena hikuva hi wona lowu a hanyisa vana va yena hi wona.

Leswi a hlangana na swona loko Manana Dumezulu angari kona awuta nwi twela vusiwana, a twisa na mbilu kuvava hikuva mikarhi hinkwayo loko amuka afika a rila hikokwalaho ko xanisiwa hi swihlangi entirhweni. Manana Dumezulu u tshamile ni vana va yena hansi ava lerisa leswaku va fanele ku khoma mutirhi wa yena hiri rhandzu. Leswi arina vana vanharhu, unwe wa vona u switwile leswi Manana wa vona angava byela swona kambe vambirhi va yile emahlwenai na mikhuva yo xanisa mutirhi waka vona.

Mutirhi wa Manana Dumezulu u tshamile na yena ehansi kunwi byela leswaku yena angehe swikoti ku ya mahlweni na ntirho, lexi axi hlamarisa Manana Dumezulu iku loko ari kona atirha na yena atlhela a nwi komba rirhandzu. Loko anwi vutisa xivangelo angakalangi a hlamula ulo sungula ku rila emahlweni ka Manana Dumezulu ni vana va yena.

Vana va yena lexi axi rilisa mutirhi avaxi tiva xivangelo xa kona kambe yena anga vulangi ulo huma a famba angaha kalanga avuya. Ute loko aha tshamile ku rila rinqingo ra yena vanwi byela leswaku u kumile ntirho a hotela mundzuku lerixaka ita fanela ku sungula ku tirha. Lexi xinga hlamalisa yena iku nga yisanga xikombela xa ntirho kasi kuni siku leri Manana Dumezulu anga kombela maphaphe ya yena kutani anwi yisela wona la yena a tirha kona ivi loko ni mixo a fika u hlanganile na mulungu wa yena laha a tirha kona kutani va sungula ku xewetana va bula letiya na letiya.

Ku vile ni nhlengeletano laha mininjhere na mufambisa wa hotela vanga vita Manana Malele loyi kunga khale ka mutirhi wa Manana Dumezulu va hlangana ehofisini ya yena kutani vanwi byela leswaku xivangelo xova a kume ntirho hi yena kutani Manana Malele a khisama hansi a khensa mulungu wa yena leswi anganwi endlela swona.

Vana va Manana Dumezulu va byerile manana wa vona leswaku hi vona ava xanisa mutirhi wa yena loko yena angari kona, uva komberile leswaku va famba na yena kuya kombela rivalelo eka yena leswaku hosi yita kota kuva katekisa. Va yingisile xitsundzuxo xa Manana wa vona vaya vaya kombela rivalelo.

Manana dumezulu u endlile nkhuvo a vitana ndyangu waka Malele leswaku vata dya swinwe swakudya swani madyambu kutani va hlanganile vatidyela switlhela swi tsakisa.

Leswi u ngata swi kuma endzeni ka xitori lexi:

Xitori lexi xi vulavula hi tintombhi timbirhi Xiluva na Miyelani. Tintombi leti a ti rhandzana swinene. Xiluva yena a tekiwile kambe eka mucato wa yena a nga ri na kurhula, naswona a ri hava ntsako hikuva a nga swikoti ku tswalela nuna wa yena vana. Miyelani yena a ri hava nuna.

Ku tshembha munhu switlula hiku tshemba ribye

Khale ka khaleni a ku ri na tintombhi timbirhi Xiluva na Miyelani. Tintombi leti a ti rhandzana swinene. Xiluva yena a tekiwile kambe eka mucato wa yena a nga ri na kurhula, naswona a ri hava ntsako hikuva a nga swikoti ku tswalela nuna wa yena vana. Miyelani yena a ri hava nuna, masiku yotala Xiluva a tshama a nga ri kona a va a ri entirhweni wa yena wa vuSocial worker emugangeni wa Hlamalani. Munghana wa yena ari mudyondzisi exikolweni xale hansi xa Buyisonto.

Mikarhi yotala loko Xiluva a ri na swiphiqo a ya eka munghana wa yena Miyelani leswaku a ta nwi pfuna hikuva a nwi tshembhile.

A n'wi byela hinkwaswo leswi a swi humelela exikarhi ka yena na nuna wa yena. Miyelani u tshembisile munghana wa yena leswaku u ta nwi pfuna endzhaku ka loko Miyelani a vurile sweswo swilo swi sungurile ku cinca eka nuna wa xiluva. U sungurile ku vuya ni vu siku ekaya loko nsati wa yena a ringeta ku nwi tsundzuxa a nwi karihela no nwi byela leswaku yena u lava vana. Xiluva a tshamela ku rila mikarhi hinkwayo hi ku xanisiwa hi nuna wa yena.

Miyelani u byerile xiluva leswaku u kumile nuna kambe leswaku I mani a nga n'wi byelangi. Xiluva u sindzisile munghana wa yena leswaku a n'wi byela, ivi a hlamula leswaku u ta n'wi byela loko nkarhi wu ya wu famba. Xiluva loko a ha rindzile ku byeriwa leswaku nuna wa kona I mani? Miyelani o ta na tinwana timhaka leswaku u tikile.

Xiluva a n'wi khensinsa masiku ya Miyelani yoya babela mavile ma fika kutani a ya a ya bebula. U beburile n'wana wo saseka swinene kutani a fonela xiluva leswaku a ta exibedhlele a ta vona n'wana.

Nuna wa xiluva a fonela miyelani leswaku u kwini miyelani a hlamula a ku ndzi le xibedhlele, wanuna a tsaka a teka movha wa yena a wu komba exibedhlele kasi na xiluva u le ndleleni ha vambirhi nuna na nsati va fikile va hlangana e nyangweni laha miyelani ari kona.

Nsati a vutisa nuna leswaku uta lava yini nuna loko a ha lava ku hlamula dokodela a pfula rivanti, va nghena xiluva o huma hi ku tsutsuma a twa onge wo lorha.Endzhaku ka sweswo a nghena emovheni wa yena a ti fambela eku heteleleni Miyelani u tekanile na nuna wa Xiluva .

Leswi u ngata swi kuma endzeni kaxi tori lexi:

Xitori lexi xi vulavula hi jaha Ganyani mufana wa ka Dumezulu, loyi a tekile vava sati vambirhi Vutomi na Vukosi, tintombi letimbirhi a tihuma eka mindyangu yo hambana.

Mihlolo ayi dyiwi

Khale ka khaleni a ku ri na jaha Ganyani mufana wa ka Dumezulu, loyi a tekile vava sati vambirhi Vutomi na Vukosi, tintombi letimbirhi a tihuma eka mindyangu yo hambana.

E ka va Vutomi ava fumile swinene kasi eka va Vukosi a va nga fumangi, leswi swi endlile leswaku Ganyani a rhandza Vutomi hikuva yena ekaya ka vona a va fumile. Vutomi anga tirhi nchumu loko a pfuka ni mixo a huma a famba Vukosi a sala a endla mintirho hinkwayo.

Loko vutomi a vuya hi lomu a vuyaka hikona a kuma vukosi a swekile, yena a fika a phamela a na va ni milenge a dya. Masiku hi kwayo a tshamela ku endla sweswo, ku fikelele laha Vukosi a nga karhala hi hanyelo ra Vutomi. Va sungurile ku holova swinene Ganyani u va byerile leswaku va fanele va rhandzana no hloniphana. Vukosi u humile a va siyisa xisweswo a ya tshama a ri yexe eka mareni.

Hi rin'wana ra masiku Vukosi u byerile nuna wa yena leswaku u tikile, loko Ganyani a ta va a twe sweswo leswaku nsati wa yena wa vumbirhi u tikile.

Ganyani u tekile timhaka hikwato a ya byela Vutomi, swilo swi sungurile ku cinca Ganyani a sungula ku rhandza vukosi a tlhela abyela Vutomi leswaku u fanele ku khama Vukosi hi ndlela leyi faneleke. Mhaka leyi a yi n'wi khomanga kahle ka Vutomi a sungula ku venga vukosi a n'wi khoma hivoko ra nsimbi.

Vutomi u tekile timhaka leti a nga byeriwa tona hi nuna wa yena, a byela vatswari va yena kutani va n'wi byerile leswaku u fanele ku vuya ekaya. Vutomi u byerile nuna wa yena leswaku u vhakela vatswari va yena. Ganyani a nga yalangi Vutomi a famba a nga tshamangi masiku yotala eka vona ata a vuyile, u sungurile ku endla onge sewa n'wi twisisa ka

Vukosi a tlhela a a kombela ku rivaleriwa eka hinkwaswo leswi a nga nwi endla swona vukosi a n'wi rivalela.

Loko ri xela ravumbirhi Vutomi u pfukile nimixo, a tirha swinene loko a tava a hetile a endla tiya a endlela na Vukosi loko a heta ku endla Vukosi o humelela ivi a vona ti tiya leti ati endliwile.

Vukosi ivi ateka yinwe eka tona a puza Vutomi a teka leyi n'wana na yena a nwa. Loko va ta va va hetile ku nwa Vutomi u byerile nuna wa yena leswaku u lumalumiwa hi lendzeni kutani vanwi teka vayi yisa eka dokodela, loko va fika va n'wi cheka hi dokodela u kumile leswaku leswi anga nwa swona swinwi dlayerile n'wana loyi a ri na yena kutani a sungula ku ba mukhosi a ku ndzi ti dlayerile n'wana wa minoo.

Leswi u ngata swi kuma endzeni kaxi tori lexi:

Xitori lexi xi vulavula hi wanuna loyi a vitaniwa Tomasi , a tekile nsati wo saseka loyi a lava hi mani na mani leswi yena a ri na mali u swi kotile ku n'wi kuma a tshama na yena.

<u>Tomasi ma kholwa hiku vona</u>

Khale ka khaleni a ku ri na wanuna loyi a vitaniwa Tomasi , a tekile nsati wo saseka loyi a lava hi mani na mani leswi yena a ri na mali u swi kotile ku n'wi kuma a tshama na yena.

Va tshamaile malembe yo tala va ti phina hi swa vutomi. Leswi tomasi a akile yindlu ya ximbindzimbindzi ,vutomi abyiva fambela kahle ni nsati a va dya byi rhelela.

A ku ri Musumbunuko loko tomasi a pfuka ni mixo a lunghisela kuya entirhweni, loko atava a hetile leswi a endla swona u lerile nsati wa yena leswaku yena wa famba.U te loko ahari endleleni u hlanganile ni wanuna loyi ari karhi ati fambela, kutani a n'wi khandziyisa emovheni va sungurile ku bula niwa wa nuna kutani a byela tomasi leswaku nsati loyi anga teka yena anga kahle.

Tomasi a nga swi tekelanga ehlokweni leswi a nga byeriwa swona hi wanuna, loko a fika laha a tirhaka kona a ngasi nghena ehofisini ya yena o tlela a byeriwa leswaku nsati wa yena a nga kahle. ivi aku kasi swisiwana leswi swiri yini xana.? Vanu lava a va byela tomasi timhaka leti a va n'wi tiva nsati wa yena.

Nsati wa Tomasi u yile eka nyanga leyi ayi vitaniwa n'waximujana u fikile eka yona va fika va bula a byela nyanga leswaku u lava murhi wo dlaya nuna wa yena. Ximujana u nyikile nsati wa tomasi murhi kutani a tlhelela ekaya loko a fika u fikile awu veka ehansi ka mubedo masiku mambirhi, kambe hisiku ra vunharhu u pfukile ni mixo aya tseleka timbita nuna wa yena a ha etlele.

Tomasi hi ku twa ku nuhela ka swakudya u phaphamile a ya laha nsati wa yena a swekela kona. U kumile leswaku nsati wa yena u khomile murhi a nwi vutisa a ku xana u khomile yini? nsati a hlamula a ku a hi nchumu.

Tomasi a ku ka nsati ndzi kombelaku vona lexi unga khoma kutani a sungula ku rhurhumela no rila. Tomasi a ku a wu lava kundzi chelela I vi a hlongola nsati wa yena a hlundzukile ngopfu.

Hakunene Tomasi u khorwile hiku vona miehleketo yi vuya, a tsundzuka leswi a nga byeriwa swona.U yile eka vanhu lava a va vitana swisiwana aya kombela ku rivaleriwa no va byela leswaku ava vurisa u tivonerile hiya yena mahlo, u ponile ri ahlamile.

Leswi u ngata swi kuma endzeni kaxi tori lexi:

Xitori lexi xi vulavula hi jaha leri a ri vitaniwa Vonani emugangeni wa Songeni. Vonani u vile ni xivono leswaku u fanele a famba kuya lava ntirho ematikweni leswaku a ta kota ku hlayisa nsati wa yena. Endzaku kaloko a tava a swi vonisile xisweswo, u tekile timhaka hikwato a kamela nsati.Loko vatava vari eku vulavuleni ni nsati u n'wi byerile leswaku u fanele ku famba malembe mambirhi, kuya kona etikweni ra Galeliya.

Xivono

Khale ka khaleni a ku ri na jaha leri a ri vitaniwa Vonani emugangeni wa Songeni. Vonani u vile ni xivono leswaku u fanele a famba kuya lava ntirho ematikweni leswaku a ta kota ku hlayisa nsati wa yena.

Endzaku kaloko a tava a swi vonisile xisweswo, u tekile timhaka hikwato a kamela nsati.Loko vatava vari eku vulavuleni ni nsati u n'wi byerile leswaku u fanele ku famba malembe mambirhi, kuya kona etikweni ra Galeliya.

Nsati loko a tava a twa timhaka leti a byeriwa tona hi nuna wa yena swin'wi vavile swinene, hikuva a fanele a va kule ni nuna wa yena malembe mambirhi.

Nsati wa yena u n'wi vutisile leswaku u ta sala na mani, hikutwa kuvava ka mahungu lama a nga byeriwa wona hi nuna wa yena, kutani a n'wi hlamula leswaku swi fanerile leswaku a famba nkarhi ulo fika. Mihloti eka nsati wa yena a yirikarhi yi xiririka ku kobisa leswaku u twa kuvava hikuva u tava kule na nuna wa yena.Siku revile ri fika laha vonani a fanele a famba, kuya kona etikweni ra Galeliya.

Loko ritava ri xela wa vumbirhi ni mixo kungasiba awara ya ntlhanu, vonani u lerile nsati wa yena leswaku yena wa famba hikuva u fanele ku famba mpfuka woleha kutani nsati a longela nuna wa yena ti mbuva a chela e josakeni ra yena va lelena kutani vonani a huma a famba.

Ndlela a yi lehile swinene a ri karhi a vilela leswaku u siya nsati wa yena, loko a ri endleleni dyambu revile ri pfula swinene laha ringa hisisa swi n'wana swa muhlolo, a twa onge ango tlhelela ekaya leswi a ri pfurisile xiswona.Leswi a ri pfurisile xiswona swi endlile leswaku a hluvula niti ntangu hikuva se a ti hisa natona.

U fikile a tshama ehansi ka xi nsinyana ku kota ku humula, no khomisa nyoka ku kota ku kuma matimba yo kota ku kongoma ni riendzo. Vonani a nga helangi matimba, u lo kongoma ni ndlela hikuva a xi tiva lexi axi fambelaka. Loko a ri endleleni a ri karhi a hleketa, leswaku laha a yaka kona xana ntirho u tawu kuma ke? vonani a navela leswaku ma kungu ya yena ma humelel.U fambile masiku ya khume kuva afika laha a ya kona.

Dyambu a ri pela rixa a ri karhi a ri eku fambeni. Xiyimo a xi tika swinene,hambi leswi xiyimo a xi n'wi tikela endleleni anga helangi matimba. Loko a tava a fikile etikweni ra Galeliya, u fikile a tirhela mulungu Adam Vermand laha a nwi basisela jariti ra yena. Loko a ri kwale mulungu loyi a n'wi tirhela u n'wi khomile kahle swinene a va hanyisana bya hombe.

Vonani loko a ta va a ri e Galeliya u vonile xivono leswaku kutava ni dyandza etikweni raka vona, mhaka leyi yi n'wi vavile swinene malembe mambirhi.

Vanhu vale rixakenni ra yena vasarile va vilela, endzaku ka loko vatava vanganwi voni. Mukhegula wu n'wana wo juhala u vutisile nsati wa vonani leswaku nuna wa yena u kwini, kutani a nwi hlamula a n'wi byela leswaku u fambile mukhegula swi n'wi vavile swinene ku twa hungu leri.

Vanhu hikwavo va sungurile kuswi tiva leswaku Vonani u fambile, ku famba ka ye na swi va vavile hikuva a va switiva leswaku vata sala va hlupheka, naswona swilo swito humelela vangaswi tivi.

Vonani a va byela hikwaso leswi a swi humelela, swilo a swi humelela vona se va switiva. Loko atava a fambile a vo tihanyela vangaswi tivi leswaku kuta humelela yini a van'wi tsundzuka swinene.

Vutomi byi sarile byi cinca loko Vonani a tava a fambile, vanhu a va ngaha switivi leswi a swi fanele swi humelela a vo hlamala kunene. Xin'wana na xin'wana a xi hunzukile xihlamariso eka vona. Nsati wa Vonani u swi kotile ku sala a tikhoma kahle, loko nuna wa yena a tava a yile kona etikweni ra Galeliya. U sarile a basisa muti wa nuna wakwe leswaku loko a vuya a ta kuma leswaku swilo swahari ematshanwini, a ku tshama ku basile swinene.

A kuri wona muti wo basa emungangeni wa Songeni, wanuna vonani atekile wansati wova nima hanyelo lama nene, woti rhandza, na kuti khoma kahle. A rina voko wa nsati luya! a khoma switiya, Vonani u fambile malembe mambirhi kambe a swi endlanga leswaku nsati wa yena a hela matimba.

A n'wi rhandza nonwi xixima u kotile kunwi yimela malembe mambirhi, lembe ravumbirhi revile rifika laha vonani a fanele ku tlelela ekaya erixakeni raka vona.

Wanuna wa mulungu loyi a tirhela yena Adam Vermand u n'wi khensile swinene endzaku ka loko a ta va a n'wi tshembekerile ma lembe mambirhi. Adam u vutisile Vonani leswaku ka mali ni swi tsundzuxo xana u tsakela yini, kutani Vonani a hlamula a ku u tsakela ku tsundzuxiwa hikuva u siyile nsati wa yena etikweni raka vona. Mulungu a n'wi tsundzuxa a n'wi byela leswaku a nga fambi hiti ndlela tokoma naswona a nga yingisele vanhu endleleni a kongoma ekaya hi ndlela leyi a ngata hiyona. Endzaku ka sweswo Adam wa nuna wa mulungu, u tekile xinkwa kutani a xi tsema hile xikarhi a chela mali endzeni ka xona ya Vonani leyi a ngayi tirhela ma lembe mambirhi.

Wanuna wa mulungu u xi phutserile kutani a nw'i byela leswaku u tadya ni nsati ekaya i ti mbuva leti a nw'i longisaka tona.

Vonani u yingisile leswi a nga byeriwa swona hi wanuna wa mulungu, a endla hiku tsembeka a kondza a fika ekaya. Vonani loko a vuya hile tikweni ra Galeliya, loko nsati a nwi vona a tsakile swinene a kuri ntsako lowukulu etikweni ra Songeni.

Vanhu a vaba mikulungwana va huwelela hiku tsaka hikuva se a kuri khale van'wi rindzile a khomile mahungu yo tsakisa, kute loko a nghena ekaya kayena a tshama hansi ni nsati wa yena a nw'i byela hitale Galeliya nsati a twa tinwi khoma kahle vadya swakudya swa nimadyambu loko a pfula timbuva leti a longeriwe tona hi wanuna wa mulungu a kuma leswaku kuna mali yotala swinene ivi a tela hiku hlamala na ntsako. A va tsakile swinene ni nsati wa yena xiyimo xi sungurile ku cinca vasungula kuti phina va dyela henhla, vutomi a byiva fambela kahle. Vonani u tirhisile mali leyi anga nyikiwa yona hi wanuna wa mulungu hi ndlela ya kahle.

Mhaka ya xivono leyi a nga yi vona loko a tava a ri kona etikweni ra Galeliya, a fanele a famba a byela vanhu leswaku vati lulamisa eka dyandza leri ringatava kona.

Mhaka leyi a yin'wi karhata emoyeni, a nga switivi leswaku u tava byerisa kuyini. Vanhu hikwavo a va nga switivi leswaku kutava ni dyandza etikweni, a swilava yena a va byela leswaku vata kota kuti lulamisa na yena a nga swilavi leswaku vanhu va lova erixakeni ra yena hikokwalaho ka dyandza.Vonani u tekile timhaka hikwato leti a nga vonisiwa tona a byela nsati wa yena, a n'wi hlamusela hi xivono lexi a nga kombiwa xona.

Loko a twa mhaka leyi, u byerile nuna wa yena leswaku u fanele a byela vanhu hikwavo erixakeni hikuva vanga lova hikokwalaho ko pfumala mati. U tlhele a engeta a ku vanhu hiku angarhela va fanele vayi tiva mhaka leyi yingasi humelela. Vonani loko a heta ku vulavula ni nsati wa yena swi n'wi endlile leswaku a hisekela ku famba a byela vanhu hinkwavo hikuva a nga swi lava leswaku va lova. Endzaku ka loko a tava a byerile nsati wa yena va twananile leswaku va fanele va kelela mati yotala swinene, ya tshama yari kona hikuva na yena siku a nga ritivi kambe dyandza rona ritava kona. Loko a ta va a hetile ku kelela mati u sungurile ku famba a byela vanhu tona timhaka ta dyandza hambileswi vanwana a va tsontswiwile a vo n'wi hoxa hima bodlela. Vanwana a va dzahile swidzidziharisi a voti vonela munhu leswaku khombo rile kuteni vanga swi tivi avangayi tekeli enhlokweni mhaka ya dyandza.

Loko Vonani ari karhi a famba a va tivisa a va nga n'wi yingisi a voti vonela munhu wo rhanza ku vulavula kasi Vonani a khomile mhaka yinwani ya matimba, yitlhela yiva ni nkoka leswaku munhu un'wana ni u n'wana a fanele kuyi tekela enhlokweni.

Vonani ari kuva pfuneni kambe a va nga swivoni, a ringeta hiti ndlela hikwato kambe va a la ku yingisela. Avo arisa kunene va womisa tinhloko vanga twisisi a phikelela, a zama hiti ndlela hikwato leswaku va n'wi twa kambe a va n'wi yingisanga Vonani wa vanhu. Endzaku kaloko a ta va a tivisile vanhu erixakeni ra yena hikwavo moya wa yena a wurina kurhula, kambe a vanwi yingisanga. U vile a ti byela leswaku ntirho wa yena i wu tirhile, atlhela aku vata kholwa hi ku vona. Mhaka yo ka va nga n'wi yingisanga, a rina kuvilela hiyona loko a tshamile a ri yexe leswaku vata lova hikokwalaho kopfumala vutivi. Loko ri ta va rixela musumbuluko maxelo ma sungurile ki cinca, dyambu ripfula mahiselo ya rona Amari ka xiyimo xale henhla swinene.

Vanhu a va vulavula hi rona vaku ra hisa, rona ra hisa hinkwako laha va hlanganaka kona a ko buliwa hirona, va rivala leswaku Vonani u va byerile leswaku dyandza ritava kona kambe na yena leswaku siku hileri a nga ritivi.

Vanhu a vanga rina mhaka na maxelo a voya mahlweni vati hanyela va rivala leswi va nga byeriwa swona. Vonani leswi a nga va byela swona a swingahari kona emiehleketweni ya vona, loko a tava a vonile maxelo leswaku kuna ku cinca u sukile a ya e ka khensani loyi a tirha eka xiyanimoya, a ya n'wi hlamusela hi timhaka ta dyandza leti a nga vonisiwa tona.

Khensani u tekile timhaka leti a nga byeriwa tona hi Vonani a ti haxa eka vanhu, loko vatava vati twile timhaka leti eka xiyanimoya lava vo dakwa a vo hlekelela vaku vona vaswi tivisa kuyini kutava ni dyandza xana?

Wanuna wunwana a byela vangana va yena a ku wativa vanhu va vonisiwa swilo leswi swikalaka swingari kona, a engeta a ku dyandza eSongeni i tiko ra mati leri va hlekelela kambe va n'wana loko vayitwa va thlelerile ka Vonani kuya vutisa nakambe va n'wi vutisa leswaku mhaka leyi vayi twaka ku ngava kuri ntiyiso xana ke? Ivi ava hlamula a ku eka vona u fambile a tivisa vanhu kambe a van'wi yingisanga a thlela a va byela leswaku mhaka leyi yita humelela kambe swaku rini na yena a nga swi tivi.

Va manana va mbirhi lava va nga twa ma hungu eka xiyanimoya va tlela vaya eka Vonani kuya nwi vutisa leswaku xana mhaka leyi vangayitwa yi ta humelela vatekerile mhaka leyi enhlokweni, na vona va kelela mati vati vekela kambe va n'wana a vo teka onge leswi Vonani a swi vulavulaka I swaku tlanga vona a vola ku kholwa hi ku vona. Hi ravuntlhanu ni mixo dyambu ri pfurile swinene, rihisisa swi n'wani swa mihlolo vanhu va sungula ku hlamala mati emikoveni a ya hela a ti pompini a ma fambile kunene, va sungurile ku tsundzuka leswi Vonani angava byela swona. Swimilana aswi sungurile kutshwa hi dyambu, a ku pfumaleka ni thonsi ra mati.

Vanhu va sungurile ku hela matimba hikuva mati a ma kala etikwenira Songeni, a ku omile swinene. Byala byi hunzukile mati eka lava vo kala tindleve xiyimo a xitika swinene, etikweni swiharhi na swona swi sungurile ku lova hikokwaloho ko pfumala mati. Mati lama a swi hanya hiwona a ma tswile hikwaloho ka dyambu a kunga tsakisi nchumu.

Vanhu va sungurile ku khoma ku tika endzaku kokala vahluleke ku yingisa, va nwana a vati sola hikuva va byeriwile kambe a va yingisanga. Vanhu etikweni ra Songeni va sungurile kuka mati eka Vonani hikuva yena akelerile mati yo tala swinene. Mati a ma tele ekaya ka yena va vonile swi fanerile, leswaku a nikiwa xitulu xavu hosi etikweni raka vona endzaku ka loko a ta va a swi kotile ku famba a byela vanhu ti mhaka ta dyandza no tlela a kelela mati yo tala ku kota ku pfuna vanhu. Vanhu vari xaka ra yena endzaku kaloko vonani a ri hosi etikweni ra Songeni, kuvileku humelela Masingita jaha raka Dumezulu.

Masingita u yile eka hosi Vonani kuya burisana na yena a n'wi byerile leswaku kutava nima singita lama nga ta humelela a tlhela a nwi byela leswaku mati yatava kona. Maxangu lama vangale ka wona mata hela, hosi Vonani loko a twa mhaka leyi a byeriwaka yona hi Masingita a tsaka swinene, hikuva a rhandza vanhu hikwavo vale rixakeni raka vona.

Masingita a tele kuta ponisa vanhu eka dyandza leri vanga hlangana na rona, endzhaku ka hikwaswo Masingita u endlile mihlolo leswaku mpfula yiva kona. Mpfula yisungurile kuna etikweni ra Songeni, vanhu va sungula ku tsaka no huwelela mikova yisungula ku kuma mati, vanhu hikwavo loko mpfula yina a va vaketela timbita hikuva i khale varina torha ra mati.

Ti mbita a to khapa hi mati vanhu a va ngaha byeriwi a vo tshama varina mati e tindlwini ta vona, hosi Vonani u vonile swi fanerile leswaku a khensa Masingita tanihileswi a nga endla mhaka yo hlamarisa no endla leswaku vanhu hikwavo va kuma mati na leswaku vutomi byi vuyela ematshan'wini vanhu va hanya vutomi lebyi a va hanya byona.

Ku vile ni nkhuvo lowu kulu swinene etikweni ra Songeni laha kunga khensiwa Masingita a khensa hi hosi nahi vanhu hikwavo eka ntirho lowu a ngawu endla. Vanhu va sungula nakambe hikuti phina hi vutomi.

Leswi u ngata swi kuma endzeni ka xitori lexi:

Xitori lexi xi vulavula hi jaha Gezani loyi ekaya ka vona ava hlupheka naswona u kurisiwile hi kokwana wa yena hikuva vatswari va yena va n'wi siyile emisaveni a ha ri ntsongo. Gezani a hamba a pfuka ni mixo a ya exikolweni xale henhla xa [kufakwezwe] emugangeni wa Saselani a endla ntangha ya khume mbirhi.

<u>Eku tiyiseleni kuni ku humelela</u>

Khale ka khaleni a ku ri na jaha Gezani loyi eka yaka vona ava hlupheka naswona u kurisiwile hi kokwana wa yena hikuva vatswari va yena va n'wi siyile emisaveni a ha ri ntsongo. Gezani a hamba a pfuka ni mixo a ya exikolweni xale henhla xa [kufakwezwe] emugangeni wa Saselani a endla ntangha ya khume mbirhi.

Unifomo ya yena a yi handzukile vana va xikolo a va n'wi hleka loko vanwi vona kambe leswi a swi endlanga leswaku Gazani a hela matimba, u yile emahlweni aya exikolweni hambi xiyimo xi tika.

Loko bazi leyi a yi rhwala vana va xikolo yi hamba yi hundza, Gezani a hamba a tumbela a chava ku hlekiwa hi vana va xikolo lava emakaya ya vona swilo a swi famba kahle. Loko a fika exikolweni a nghena enyangweni a va n'wi hlekula va tlhela va nwi hoxa hi maphepha kambe a swi n'wi endlanga leswaku a hela matimba.

U yile emahlweni aya exikolweni. Mudyondzisi loyi a dyondzisa Gezani Xitsonga manana Theko, u vonile swi fanerile leswaku a xavela Gezani yunifomo leswaku na yena a ta fana na vana va n'wana.

A ku ri musumbunuko loko Gezani a ya exikolweni a ambarile kahle yunifoma ya yena, kutani loko vari etlilasini va vadyondzikuloni va hleva hleva va ku hambi u zamile hi mani. Loko xikolo xi ta va xi humile ku vile ni vafana vambirhi lava vanga tekela Gazani yunifomo ya yena. Hi ravumbirhi mudyondzisi manana Theko u vonile Gezani a ambarile yunifomo yo handzuka kutani a n'wi vitana va sungula ku bula.

Gezani a byela mudyondzisi hinkwaswo leswi nga humelela kutani mudyondzisi a byela Gezani leswaku swi ta lungha.

Siku nkulu revile ri fika laha vana ava fanele ku tsala xikambelo xo hela ka lembe. Gezani utsarile xikambelo a pfumala tintangu xikanwe ni yunifomo xikambelo xi hela. Va tshamile nkarhi wo leha va yimerile mbuyelo wa vona, kutani loko mbuyelo wu tava wu vuyile swi kumekile leswaku Gezani hi yena anga rhangela machudeni hinkwawo ya Mpumalanga.

Endzaku ka sweswo mfumo wu nyikile Gezani basari yoya exikolweni ku yisa tidyodzo ta yena emahlweni. U tlhela akela kokwana wa yena yindlu, loko Gezani a fanele a famba va laverile kokwana loyi a nga n'wi kurisa munhu wo sala na yena kutana jaha Gezani a khandziya xihahamphfuka a kongoma Russia.

Mpfula yo hlamarisa

Swivutiso:

> Xana I mani loyi a fambile ni manana Mahungele?

> Xana nwana wa manana Muhungele I mani?

> I yini lexinga endla leswaku Xongi anga byeli munhu hi mhaka leyi anga byeriwa yona hi xi nyenyana?

> Loko akuri wena Xongi awutava u boxile hungu ra xinyenyana?

> Hikokwalaho ka yini?

> U dyondzile yini hi xitori lexi?

Nsinya waxi rhomberhombe

Swivutiso:

> Xana nsinya wa xirhomberhombe awu mirile kwihi?

> Hiku vona ka wena endzeni ka bakiti akuri na yini?

> Lexi axi endla bakiti ri chavisa I yini?

> I munhu wa rimbewu rini loyi anga susa bakiti ehenhla ka nsinya?

> Xana unganwi tsundzuxa yini wa nuna loyi anga khanziya nsinya?

> Xana u dyondzile yini hi xitori lexi?

<u>Rhulani niti ntombhi tinharhu</u>

Swivutiso:

> I mani vito ra jaha leri ari rhandza ku tshama ni tintombi?

> Nyika mavito ya tintombhi ta kona.

> Xana jaha ni tintombhi ava rhandza ku tshama kwihi?

> Xani iyini lexinga endla leswaku Rhulani ateka unwe eka tintombhi?

> Xana unganwi tsundzuxa yini mayelana nima endlelo ya yena?

> U dyondzile yini eka xitori lexi?

Makondlo niswi manga swimbirhi

Swivutiso:

> Xana makondlo ma endlile yini ensinwini?

> Iyini lexi axi endla makondlo ma tlangela kona?

> Hikokwalaho ka yini mukhalabye a xavile swimanga?

> Xana swimanga swinwi pfunile?

> Nyika mavonelo yawena, Xana hikokwalaho ka yini mukhalabye a xavile swimanga?

> Udyondzile yini eka xitori lexi?

Majaha mambirhi

Swivutiso:

> Xana iva mani lava ava yile eku hloteni?

> Xana ava khomile yini?

> Hikokwalaho ka yini va fambile na swona?

> Nyika mavito yama jaha mambirhi.

> Xana u dyondzile yini eka xitori lexi?

<u>Riendzo ro leha</u>

Swivutiso:

> Xana wanuna a tekile riendzo roya kwini?

> Xana wa nuna a fambile hi yini?

> Hikokwalaho ka yini a fambile hi hanci?

> Xana iyini lexi nga endla hanci yi hela matimba?

> Xana wanuna u endlisile kuyini endzhaku ka loko hanci yi herile matimba?

> U dyondzile yini hi xitori lexi?

<u>Hosi yaswi harhi nwanghala</u>

Swivutiso:

> Xana I mani hosi ya swiharhi?

> Nyika mavonelo ya wena, hikokwalaho ka yini Nwanghala ari hosi ya swiharhi?

> Xana hi xihi xiharhi lexi na xona axi lava kuva exitulwini?

> Hikokwalaho ka yini Nwanghala a caciwile exitulwini?

> U dyondzile yini endzhaku Kaloko utava u hlayile xitori lexi?

N'wa huku

Swivutiso:

> Xana N'wahuku a endla yini leswaku vana va yena va tshama va tsakile?

> Xana N'wahuku a endla yini ni mixo loko a pfuka?

> Hikokwalaho ka yini a swi endla?

> Hiku vona ka wena N'wahuku angava arina vana vangani?

> Xana u dyondzile yini endzhaku Kaloko u hlayile xitori lexi?

Ku tshembha munhu switlula hiku tshembha ribye

Swivutiso:

> Xana eka xitori lexi kungava ku vulavuliwa hi yini?

> Nyika mavito ya swimunuhatwa leswi kumekaka eka tsalwa leri.

> Xana hikokwalaho ka yini vanikile xitori lexi nhloko mhaka yo "ku tshemba munhu switlula hiku tshembha ribyela"?

> Xana wena wanwi tshembha munhu loyi u tshamaka na yena?

> Hikokwalaho ka yini unwi tshembha?

> U dyondzile yini eka xitori lexi?

Mihlolo ayi dyiwi

Swivutiso:

> Xana I mani vito ra jaha leri u hlayeke hi rona ka tsalwa leri?

> Nyika mavito ya vavasati lava u hlayeke hi vona eka tsalwa leri.

> Hikokwalaho ka yini xitori lexi kuri "Mihlolo ayi dyiwi"?

> Xana udyondzile yini hi xitori lexi?

<u>Tomasi makholwa hiku vona</u>

Swivutiso:

> Xana I mani vito ra wanuna loyi a kumekeka eka tswalwa leri?

> Iyini lexi xinga endla Tomasi a kholwa hiku vona?

> Xana Tomasi arina nsati?

> Iyini hungu nkulu eka xitori lexi?

> I mani anga kholwa hiku vona?

> Unganwi tsundzuxa yini Tomasi?

> Udyondzile yini eka xitori lexi?

Xivono

Swivutiso:

> Hikokwalaho ka yini vito ra xitori lexi kuri "Xivono"?

> I mani anga vonisiwa?

> Xana u vonisiwile yini?

> I yini hungu nkulu eka tsalwa leri?

> Nyika ximunuhatwankulu eka tsalwa leri.

> Iyini dyodzo leyi uyi kumake eka xitori lexi?

Xitsonga Ririmi Rale Kaya.

Kuyingisa switlula magandzelo

Swivutiso:

> Xana unga vula yini hi nhloko mhaka leyi?

> I mani xi munuhatwankulu eka tsalwa leri?

> Xana unga xitsundzuxa yini?

> Hikokwalaho ka yini va chile xitori lexi nhloko mhaka leyi?

> U dyondzile yini eka xitori lexi?

<u>Vusiwana u suliwa hi nwana</u>

Swivutiso:

> I mani ximunuhatwankulu eka tsalwa leri?

> I mani loyi anga suliwa mihloti naswona u suliwe hi mani?

> Xana u dyondzile yini eka xitori lexi?

> I yini Vito ra nhloko mhaka ya xitori lexi?

> U dyondzile yini eka xitori lexi?

Ta ndyangu wo humelela

Swivutiso:

> U dyondzile yini eka xitori lexi?

> Xana I ndyangu waka mani lowu awu humelelini?

> Aku rina vana vangani ndyangwini?

> Xani I mani loyi a tirha kona na swona a tirha yini?

Dyandza

Swivutiso:

> Xana hikokwalaho ka yini xitori lexi xi vitaniwa hi nhloko mhaka leyi?

> Akulo humelela yini?

> Hiswihi swilaveko leswi aswi laveka loko kutava kuri na dyandza?

> Xana mati vama kumile kwini?

> Xana u dyondzile yini eka xitori lexi?

Nwana wa vusopfa

Swivutiso:

> Nhloko mhaka leyi yiku tisela hungu rihi?

> Xana nwana wa vusopfa I mani vito ra yena?

> Xana I mani anganwi tsundzuxa?

> U dyondzile yini eka xitori lexi?

> Unga vula yini hi maendlelo ya nwana loyi?

> Loko akuri wena nwana loyi awutava u endlile yini hi mali leyi?

<u>Ntombi yo xonga</u>

Swivutiso:

> Hikokwalaho ka yini ntombi leyi eka tswalwa yi vitaniwa Saseka?

> Xana ayi tirha kwini?

> Xana u dyondzile yini eka tswala leri?

> I mani ximunuhatwankulu eka xitori lexi?

> Xana Saseka a lava yini eka Onara?

<u>Dyondzo ya pfuna</u>

Swivutiso:

> I yini hungu nkulu ra tsalwa leri?

> Xana dyondzo ya pfuna?

> Hikokwalaho ka yini uku dyondzo ya pfuna?

> Xana yingava yipfuna hi yini? Hlamusela hivuenti.

> Xana u dyondzile yini eka xitori lexi?

Xitsonga Ririmi Rale Kaya.

Also by P.Q Mhlongo

Words Can Change Your life
Gingirikani

Also by P.L Mhlava

Gingirikani

www.ingramcontent.com/pod-product-compliance
Lightning Source LLC
Chambersburg PA
CBHW071352130726

47996CB00002B/890